RESPONSE
A L'ESCRIT

QVE MONSIEVR ARNAVLD
a fait presenter aux Docteurs de la Sacrée
Faculté de Theologie, assemblez en Sorbonne pour la Censure de sa seconde Lettre.

Par le Sieur DE MARANDE' *Conseiller au*
mosnier du Roy.

A PARIS,

Chez SEBASTIEN CRAMOISY, Imprimeur du Roy:
Et GABRIEL CRAMOISY, rue S. Iacques
aux Cicognes.

M. DC. LV.

RESPONSE

A L'EXCEZ

OV MONSIEVR ARNAVLD

Docteur de la Sorbonne, dans la
qu'il a entrepris
pour la Conduite de la Fronde.

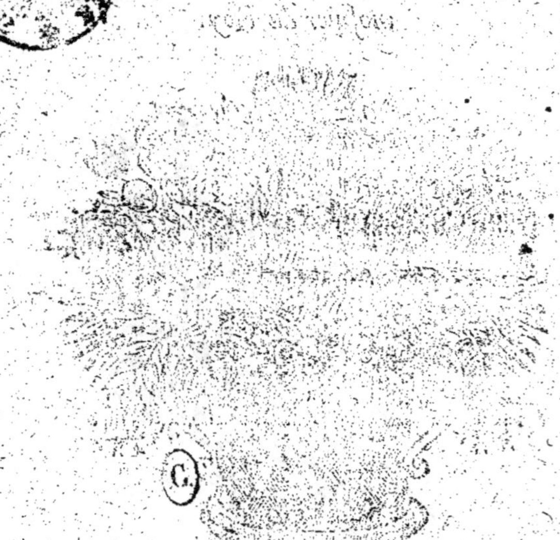

A PARIS

Chez Sebastien Cramoisy, Imprimeur du Roy,
& Gabriel Cramoisy, rue S. Jacques,
aux Cicognes.

M. DC. LI.

RESPONSE A L'ESCRIT

que Monsieur Arnauld a fait presenter aux Docteurs de la Sacrée Faculté de Theologie, assemblez en Sorbonne, pour la Censure de sa 2. Lettre.

PROPOSITION DE MONSIEVR ARNAVLD

contenuë dans sa 2. Lettre page 226.

Cette grande verité establie par l'Euangile & attestée par les Peres, qui nous monstre vn iuste en la personne de S. Pierre, à qui la grace sans laquelle on ne peut rien, a manqué, dans vne occasion où l'on ne peut pas dire qu'il n'ait point peché, est deuenüe tout d'vn coup l'heresie de Caluin.

ONSIEVR Arnauld ayant veu que cette proposition par luy auancée dans sa 2. *Lettre*, estoit iugée heretique par les Examinateurs de la Sacrée Faculté de Theologie, s'est mis en deuoir de la defendre contre cette censure, par vn escrit adressé aux Docteurs de cette Faculté, (qui depuis trois iours m'est tombé entre les mains) & de la soustenir pour Catholique: Il s'est donc efforcé de prouuer par les Peres qu'elle estoit orthodoxe, & d'eluder en mesme temps la condamnation portée par le S. Concile de Trente dans le Canon 18. de la sixiéme session, conceu en ces termes, *Si quelqu'vn dit que les preceptes diuins sont impossibles à l'homme iuste & en estat de grace, qu'il soit anatheme.*

Le moyen apparent dont il se sert pour éuiter cette

Trident. sess. 6. can. 18.
Si quis dixerit Dei præcepta homini etiam iustificato & sub gratia constituto esse ad obseruandum impossibilia, anathema sit.

censure, est, dit-il, que ce Canon n'est relatif qu'à l'herefie de Caluin, qui difoit que les iuftes n'accompliffoient iamais les preceptes, quelque grace & quelque volonté qu'ils euffent de le faire ; & qu'ainfi ce Canon ne condamne que l'herefie de Caluin , & non pas la propofition cy-deffus alleguée & contenuë dans fa Lettre.

Mais pour fatisfaire pleinement & fuccinctement à Monfieur Arnauld, il me fuffit de luy prouuer trois chofes : la premiere, que fa propofition eft condamnée d'herefie non feulement par les Saints Peres auant le Concile de Trente, mais encore par ce mefme Concile, & par la Bulle d'Innocent X.

La feconde, qu'il ne prouue point fa propofition par l'Euangile ny par les Peres.

La troifiéme, que les perilleufes confequences qui peuuent naiftre de fa propofition, la rendent pareillement condamnable. Suiuons par ordre ces trois points.

Nous difons à l'égard du premier, que le Canon 18. eft non feulement relatif à l'herefie de Caluin, mais eft encore relatif au chapitre onziéme de la mefme Seffion, dans lequel les Peres de ce Concile nous marquent trois chofes qui font bien confiderables.

La premiere eft, que *perfonne pour iufte qu'il puiffe eftre, ne doit pas prefumer qu'il foit iamais affranchy de l'obferuance des preceptes diuins ;* cette fentence eft rebatuë & expliquée dans le Canon 20. de cette feffion , contre l'erreur de Caluin, qui fouftenant que les preceptes diuins eftoient impoffibles à l'homme iufte , iugeoit auffi par vne fuite neceffaire, que le iufte n'eftoit point obligé de les garder. Cet heretique nous témoignant en cela qu'il eftoit moins cruel, & plus equitable que Ianfenius & Monfieur Arnauld fon difciple, qui veulent que le iufte parfois foit obligé de garder le precepte, dans vn temps où il luy eft impoffible de le garder, par le refus que Dieu luy fait de la grace fans laquelle on ne peut rien.

La seconde est de plus grande importance que la premiere, dans le fait dont il s'agit à present entre nous & Monsieur Arnauld: Car les Peres de ce Concile defendent à toute personne à l'auenir *d'estre si osée que de dire ou d'auancer ces paroles temeraires, condamnées par les SS. Peres sous peine d'anatheme, sçauoir est que les preceptes diuins sont impossibles à garder à l'homme iuste;* ce qu'ils prouuent par les propres paroles de S. Augustin. *Car Dieu*, disent ils, *ne commande pas des choses impossibles, mais en commandant il aduertit de faire ce que tu peux, & de demander ce que tu ne peux pas, & il t'aide afin que tu le puisses.* Or la fausse proposition qui enonce que *les preceptes diuins sont impossibles à l'homme iuste*, est vne proposition frapée d'anatheme par les Peres de l'ancienne Eglise, & heretique selon la doctrine & la tradition des SS. Peres, auant mesme que Caluin l'eust renouuellée; d'où il s'ensuit que l'ancienne Censure des SS. Peres contre cette proposition, est vne verité generale, qui ne condamnoit pas seulement l'heresie naissante de Caluin, auant que l'Eglise se fust mise en deuoir de condamner cet heretique, mais qui condamne encore toute autre fausseté, qui luy pourroit estre naturellement opposée & contraire; de mesme que la lumiere chasse & repousse dans le destroit de son actiuité, toutes les tenebres qui luy sont naturellement opposées.

Ibidem.
Nemo temeraria illa, & à Patribus sub anathemate prohibita voce vti, Dei præcepta homini iustificato ad obseruandum esse impossibilia: Nam Deus impossibilia non iubet, sed iubendo monet & facere quod possis, & petere quod non possis, & adiuuat vt possis.

Car ce Concile nous dit que l'erreur qui soustient que le precepte est impossible à l'homme iuste, est vne vieille erreur condamnée par les SS. Peres, & par consequent long-temps auant que Caluin fust au monde, en sorte que cet anatheme proferé par les SS. Peres, & partant par la tradition de l'Eglise dans tous les siecles, (car c'est ce qu'emporte ou signifie dans ce lieu la doctrine des Peres) n'est pas seulement relatif à l'erreur de Caluin, mais encore à toute autre erreur ou fausse proposition, qui dit ou qui dira iamais que la grace requise pour accomplir le precepte, manque par fois au iuſte dans le temps qu'il eſt obligé de le garder, comme a fait Monſieur Arnauld en ſa 2. *Lettre*, dans la propoſition que nous examinons.

Et ſuppoſé meſme que le Concile de Trente n'euſt point eſté obligé de s'aſſembler pour condamner l'hereſie de Caluin, ou que Caluin n'euſt iamais ſouſtenu cette erreur, il eſt indubitable que l'anatheme des SS. Peres, contre celuy qui dit, ou qui dira, que le precepte diuin eſt parfois impoſſible à l'homme iuſte dans le temps qu'il eſt obligé de le garder, ſubſiſtoit deſlors en ſa force contre tous ceux qui auroient pû dire & ſouſtenir auec Monſieur Arnauld, que la grace ſans laquelle on ne peut rien, manque parfois au iuſte dans le temps qu'il eſt obligé de garder le precepte.

Mais ie dis plus, & ie ſouſtiens que la nouuelle propoſition de Monſieur Arnauld ſe trouue frapée de trois anathemes; le premier eſt celuy des ſaints Peres, ou de la tradition de l'Egliſe rapporté hiſtoriquement par le Concile de Trente; le ſecond eſt celuy de ce Concile, car il rafraiſchit l'ancien anatheme des ſaints Peres; le troiſiéme eſt celuy d'Innocent X. qui le renouuelle encore, quand il dit dans ſa Bulle que la premiere propoſition *a deſia eſté frapée d'anatheme*, ſçauoir eſt par la tradition de l'Egliſe, ou par la doctrine des ſaints Peres, dont le Concile nous en fait le rapport; & par ce meſme Concile entant qu'il renouuelle cet anatheme pour le rendre plus aggrauant; de maniere que les deux paroles, ſçauoir eſt *la volonté & l'effort*, que Ianſenius auoit aioûtées à la propoſition condamnée par les ſaints Peres, & que Monſieur Arnauld a retranchées de la ſienne qu'on examine en Sorbonne, font bien que la propoſition de Ianſenius eſt plus criminelle que celle de Monſieur Arnauld, mais le retranchement de ces deux termes dans la propoſition de Monſieur Arnauld, ne fait pas qu'elle ne ſoit touſiours vne propoſition heretique, & condamnée par l'ancienne tradition des ſaints Peres au rapport du ſaint Concile de Trente.

Iam anathemate damnatam.

Volentibus & conantibus.

La troisiéme chose qu'on doit considerer dans le mesme chapitre 11. est qu'il allegue la raison pour laquelle les preceptes diuins ne peuuent estre impossibles à l'homme iuste, & qu'il la fonde sur deux colomnes ou deux preuues qu'il iuge inébranlables; il tire la premiere de la sainte Ecriture & des Conciles, où il est dit *que les preceptes diuins ne sont pas pesans, que le ioug de Iesus-Christ est suaue, & que sa charge est legere; parce,* dit-il, *que ceux qui sont enfans de Dieu aiment Iesus-Christ, & ceux qui l'aiment, comme il a dit luy-mesme, gardent ses preceptes, ce qu'ils peuuent faire & accomplir auec l'aide de la grace.*

Il tire la seconde de saint Augustin & de saint Prosper, pour monstrer que le iuste peut s'il veut accomplir le precepte, parce, dit ce Concile, que *Dieu n'abandonne iamais ceux qu'il a vne fois iustifiez, si premierement ils ne l'abandonnent par leur peché.*

Donc comme il est indubitable dans ce Concile, que Dieu n'abandonne iamais le iuste, si le iuste ne l'abandonne premierement, il s'ensuit par vne raison opposée, que quiconque dit que *Dieu manque de donner au iuste, la grace sans laquelle on ne peut rien, dans le temps mesme qu'il est obligé de garder le precepte,* fait & auance vne proposition fausse, heretique & condamnée par les saints Peres, par ce Concile & par Innocent X. C'est ce qu'à fait M. Arnauld dans sa proposition, que les Examinateurs ont tres-sagement iugée heretique, comme condamnée par la tradition des saints Peres, par le saint Concile de Trente, & par la Bulle d'Innocent X. lors qu'il a condamné la premiere des cinq Propositions censurées, comme ayant desia esté frapée d'anatheme.

Le surplus du mesme chapitre cy-dessus allegué, est employé pour combatre l'heresie de Caluin, qui disoit *que le iuste pechoit en toutes ses bonnes œuures au moins veniellement,* qui est ce que disent encore quelques Iansenistes, quand ils mettent en fait, qu'entre tous

Trident. sess. 6. cap. 11. Cuius mandata grauia non sunt, cuius iugum suaue est, & onus leue; qui enim sunt filij Dei, Christum diligunt; qui autem diligunt eum, vt ipsemet testatur, seruant sermones eius, quod vtique cum diuino auxilio præstare possunt.

Deus namque sua gratia semel iustificatos non deserit, nisi ab eis priùs deseratur.

Trident. ibid. Iustum in omni bono opere, saltem venialiter peccare.

les iustes il n'y en a pas vn qui accomplisse le precepte de la dilection diuine, ainsi que nous l'auons remarqué dans *la Refutation des principes de Iansenius.*

Il est donc euident que supposé mesme que le Canon 18. du Concile de Trente, qui fulmine *anatheme contre celuy qui dira que les preceptes diuins sont impossibles à l'homme iuste & en estat de grace,* ne fust relatif qu'à l'heresie de Caluin : (ce qui n'est pas veritable, car il est encore relatif à l'ancien anatheme des saints Peres renouuellé dans ce Concile) il est dis-ie euident que la proposition nouuelle de Monsieur Arnauld est toûiours censurée par l'anatheme des saints Peres, rafraischy & renouuellé par le Concile de Trente, & par la Bulle d'Innocent X.

Le second point que nous auons à prouuer contre Monsieur Arnauld quand il dit que sa proposition n'est pas de luy, mais des saints Peres, nous oblige de luy dire deux choses; la premiere est, que le Concile de Trente nous enseigne le contraire de ce qu'il dit dans son Ecrit, lors que les Peres de ce Concile nous disent, que *quiconque dira que les preceptes sont impossibles à l'homme iuste, est frapé d'anatheme par l'ancienne doctrine des saints Peres.*

Ie sçay bien que ce Docteur nous marque dans son Ecrit, que sa proposition est la doctrine des saints Peres, mais ie sçay bien aussi que le Concile de Trente nous dit tout le contraire : Et parce que dans les choses de la foy, il est necessaire à tout fidele de preferer ce que dit vn Concile Oecumenique, à ce que dit vn Docteur particulier, soupçonné & accusé dans sa foy par les Docteurs de la Sacrée Faculté de Theologie, & mesme condamné d'heresie par l'auis de ses Examinateurs, ie le prie de nous dispenser de le croire pour cette fois, & de ne nous point obliger à preferer son sentiment à celuy du saint Concile de Trente.

La seconde est, que Monsieur Arnauld pour monstrer que sa nouuelle proposition qui concerne la foy, est

esta-

Ibid. Can. 18. Si quis dixerit Dei præcepta homini etiam iustificato, & sub gratia constituto, esse ad obseruandum impossibilia, anathema sit.

eftablie comme il dit dans l'Euangile & atteftée par les
faints Peres, eft obligé de nous la lire dans l'Euangile
& dans les faints Peres des douze premiers fiecles, dans
le mefme fens & dans les mefmes termes qu'elle eft
conceuë dans fa *Lettre*.

Cette regle ou cette maniere de preuue, à laquelle
Monfieur Arnauld eft obligé de fe reduire dans le fait
dont il s'agit à prefent, eft d'autant plus certaine entre
luy & nous, qu'elle eft eftablie par faint Auguftin : Si
donc il en eft le *Difciple*, comme il le publie fi haute-
ment dans tous fes liures, il ne peut pas la reietter fans
fe condamner foy-mefme, & renoncer publiquement
à la doctrine de fon maiftre.

Or comme ce faint Pere difputant contre les Dona-
tiftes, qui pretendoient que leurs fauffes & nouuelles
maximes eftoient de la fainte Efcriture, ne leur difoit
autre chofe pour les conuaincre dans leur erreur, finon
qu'ils euffent à les lire, & à les luy monftrer dans les
faintes Efcritures : *Lifez-nous*, leur dit-il, *dans la fainte
Efcriture les maximes ou les propofitions que vous auez auan-
cées, & pour lors nous vous donnerons les mains, & ne refifterons plus aux chofes que vous dites.*

Ainfi ie dis à Monfieur Arnauld fur le pied de cette
Regle magiftrale & infaillible contre toutes les nou-
ueautez, qui peuuent furuenir dans la Foy de la part des
Errans, *Lifez-nous dans l'Euangile & dans les Peres des
douze premiers fiecles*, la propofition de voftre *feconde
Lettre*, dans le mefme fens & dans les mefmes termes
qu'elle eft conceuë dans voftre *Lettre*, & pour lors nous
ne vous refifterons plus ; car de nous citer vn Scholafti-
que, qui paroiffoit il y a cent ans, & des écrits duquel
on a interdit la lecture, ce n'eft pas s'acquiter de fa pro-
meffe.

I'ay dit en mefme fens & en mefmes termes, fans ad-
dition, fans diminution & fans changement, parce
qu'en matiere de Foy celuy qui fous ce beau pretexte
de l'Euangile, & des Peres des douze premiers fiecles,

B.

veut introduire vne nouueauté dans l'Eglise, est obligé
à cette rigueur pour iustifier son entreprise, car c'est
ainsi que nous combatons les Caluinistes, & tous les
autres Heretiques.

Mais ie soustiens qu'il est absolument impossible à
Monsieur Arnauld, de nous faire lire dans l'Euangile
ny dans les liures des anciens Peres, en mesme sens & en
mesmes termes, la proposition qu'il auance; Supposé
donc que ie reçoiue tous les textes qu'il allegue pour se
iustifier, sans mesme les examiner ny les expliquer, ie
maintiens qu'il n'y en a pas vn seul dans lequel il nous
puisse faire lire sa proposition nouuelle dans le mesme
sens, & dans les mesmes termes qu'elle est conceuë
dans sa *Lettre*.

Car il y a bien de la difference dans la maniere de
prouuer qu'vne proposition est vraye ou Catholique,
& de prouuer qu'vne autre proposition est fausse ou heretique. Pour faire qu'vne proposition indiuiduelle soit
vraye ou Catholique, il faut qu'elle soit telle en son
sens & en ses termes, & qu'elle n'ait aucun defaut (selon cette grande maxime qui nous enseigne, que *le
bien demande l'integrité de ses causes*) & qu'aucune per-
fection requise pour la rendre vraye ou Catholique en
sa substance, ne luy defaille.

Mais pour monstrer qu'vne proposition est heretique
ou fausse, il suffit qu'elle soit defectueuse en son sens
ou en ses termes, ou dans le changement de quelques
termes essentiels, puisque *le moindre defaut suffit pour
rendre vne chose mauuaise;* de là vient aussi qu'il faut vne
plus grande rigueur pour monstrer qu'vne proposition
est Catholique, que pour monstrer qu'vne proposition
est Heretique.

C'est aussi pour cela qu'il est tres-facile de monstrer
par la Regle de saint Augustin, que la nouuelle proposition de Monsieur Arnauld est heretique, par le defaut essentiel qui est en elle, & par le manque de la
condition sous laquelle Monsieur Arnauld nous la pre-

fente, quand il la dit estre *establie par l'Euangile & attestée
par les saints Peres* : Et comme il ne peut pas mesme nous
la faire lire en mesme sens & en mesmes termes, dans
saint Chrysostome, qui est celuy sur lequel il faisoit tout
son fort, & moins encore dans saint Augustin, & dans
tous les autres Peres de l'Eglise, nous disons deux
choses qui sont indubitables.

La premiere est, que la proposition de M. Arnauld
n'est ny de l'Euangile ny des saints Peres, puisqu'il
ne peut pas nous la faire lire dans l'Euangile ny dans les
saints Peres, & qu'ainsi elle ne peut proprement appar-
tenir qu'à M. Arnauld, d'autant plus coupable dans cette nouueauté, qu'il choque ouuertement la doctrine des
anciens Peres, le saint Concile de Trente, & la Bulle
d'Innocent X. au sens que nous l'auons expliqué cy-
dessus.

La seconde est, que sa proposition a tres-iustement
esté iugée heretique, par les Examinateurs de la Faculté deputez pour la censure de cette Lettre, puisque
leur Iugement est conforme à ce que nous en a dit cy-
dessus le saint Concile de Trente.

Et quant aux passages de S. Chrysostome, outre que
Monsieur Arnauld ne nous lit point sa proposition dans
aucun des textes de ce Pere, dans le mesme sens &
dans les mesmes termes qu'elle est conceuë dans sa
Lettre ; C'est qu'il abuse de la doctrine de ce Pere : Car
si nous demádons à S. Chrysostome pourquoy S. Pierre
estoit delaissé à soy-mesme, il nous dira que c'est à cause
de ses pechez precedens, qu'il dit estre des *crimes*, le pre-
*mier d'auoir contredit & resisté à Iesus-Christ ; le second de
s'estre preferé à tous les autres Apostres ; & le troisiéme* qu'il
dit *n'estre pas vn crime leger, est qu'il attribuoit à ses propres
forces le total de cette entreprise, qui estoit de mourir pour
Iesus-Christ. Donc pour remedier à toutes ces playes, Iesus-
Christ permit qu'il tombast,*

Et quand il nous rend la raison pour laquelle saint
Pierre fut delaissé, il nous dit que *son arrogance & sa*

*Chrysost. homil. 85.
in Matth.* Duplex
crimen erat, tum
quia repugnauit ac
restitit ; tum quia
cæteris seipsum
præposuit, immò
etiam tertium non
paruum crimen
eum commisisse
dixerim, quia sibi
totum imposuit :
his igitur mederi
omnibus volens,
cadere illum per-
misit.

Chrysost. ibid.
Puto autem ambitione quoque aliqua, & iactantia in ea verba Petrum lapsum fuisse; Nã & in ipsa cœna quisnam inter eos maior esset disceptabant, adeò inanis gloriæ passio animos adhuc eorum turbabat.
Magnum profectò dogma hinc discimus, quia videlicet nullo modo hominis voluntas sufficit, nisi auxilio superiori roboretur; Et quia nihil lucrari poterimus à superiori patrocinio, si voluntas nostra repugnat, quorum alterum Petrus, alterum Iudas côfirmat.
Credamus itaque vbique Deo, nec repugnemus ei.

Idem homil. 67. in Ioann. in hæc verba, non potuerunt credere.
Non potuerunt autem, hoc est noluerunt;
Ita nonnumquam potestate pro voluntate vtitur.
Ibidem.
Si mutabit Æthiops pellem suã, & populus hic poterit beuè facere.

dureté opiniastre à contredire & à resister à I. C. en furent la cause; mais resister à I. C. n'est-ce point resister à la grace, & meriter qu'on soit priué de son puissant secours? Et d'ailleurs (dit ce S. Pere) *I'estime que la cheute de S. Pierre, lors qu'il disoit à I. C. que quand mesme il deuroit mourir pour luy, il ne le renieroit point, procedoit de quelque ambition de ce disciple, de sa vanterie & de la presomption de soy-mesme; Car dans le dernier souper que les Apostres firent auec leur maistre, ils contestoient entre eux quel seroit le plus grand, tant la passion de la vaine gloire troubloit encore l'esprit de ces disciples.*

Ce S. Pere donc considerant la vaine presomption de S. Pierre, qui ne se confioit qu'en soy-mesme, & en ses propres forces, fait cette reflexion; *Delà*, dit-il, *nous apprenons vne verité tres-importante qui nous enseigne deux choses. La premiere est, que la volonté humaine ne suffit pas de soy, si elle n'est fortifiée du secours diuin: La seconde, que ce mesme secours diuin nous est rendu inutile, & sans fruit, lors que nostre volonté luy resiste. La premiere nous est confirmée par S. Pierre, la seconde par Iudas. Croyons donc*, dit-il, *à Dieu en toutes choses, & ne luy resistons iamais.* Or S. Pierre auoit resisté non seulement à la grace par ses paroles arrogantes, & par la vaine presomption qu'il auoit en ses seules forces; mais encore à I. C. l'auteur de la grace, ainsi que S. Chrysostome le dit tant de fois; ce que Monsieur Arnauld a sagement dissimulé.

Que si nous demãdons encore à ce S. Pere ce que veulent signifier ces termes, *il ne peut, ils ne peuuent*, dans la sainte Escriture, & partant dans les Peres qui en imitent le langage; il nous dira parlant des Iuifs, dont il est escrit *qu'ils ne pouuoient croire*, que *la raison pour laquelle ils n'ont pû croire est parce qu'ils ne l'ont pas voulu*; d'où vient dit-il *que l'Escriture employe assez souuent le mot de puissance pour celuy de volonté.*

Puis expliquant le passage d'vn Prophete touchant le peuple Iuif, où il est dit que *si l'Ethiopien ou le Negre peut deuenir blanc, ce peuple pourra faire le bien. Obseruez*, dit

S. Chryſoſtome, que *le Prophete ne dit pas qu'il ſoit impoſſible à ce peuple de faire le bien ; mais parce qu'ils ne veulent pas, ils ne peuuent pas ;* donc ils le pourroient s'ils
vouloient.

Et aprés qu'il a dit que *Dieu ne nous delaiſſe iamais
qu'à cauſe de noſtre peché, & que nous ſommes à nous meſmes
les auteurs de noſtre perte, tant s'en faut,* adiouſte-t-il, *que
Dieu nous veuille delaiſſer, & nous punir, qu'au contraire autant de fois qu'il nous punit, il nous punit contre ſon gré.* Donc
s'il a delaiſſé S. Pierre ſon Diſciple, il l'a delaiſſé contre ſon propre gré, & à cauſe du peché precedent de
ce Diſciple, pour le rendre plus ſage & plus humble
à l'auenir.

Mais remarquez que S. Chryſoſtome n'a point dit
que S. Pierre fut deſtitué de tout pouuoir de faire le
bien, au contraire pour nous monſtrer qu'il auoit ce
pouuoir, *Il deuoit,* dit-il, *proferer ces paroles, Seigneur aſſi-
ſtez nous de voſtre aide, afin que nous ne ſoyons point ſcandaliſez ; mais au lieu de luy parler de la ſorte, il luy dit, quand
meſme tous les autres ſeroient ſcandaliſez, ie ne ſeray point
ſcandaliſé.* Donc S. Pierre auoit le pouuoir d'implorer
ce ſecours ; donc il reietta cette grace de pouuoir, au
lieu de s'en ſeruir vtilement, & *dire à* I. C. *(comme ce* S.
*Pere le remarque) aidez moy Seigneur de voſtre protection
& de voſtre ſecours, & pour lors ie ne vous nieray point.*

Cependant Monſieur Arnauld qui a veu & leu ces
homelies, veut qu'il n'y ait eu aucune grace *de pouuoir*
en S. Pierre ſelon S. Chryſoſtome, Ce qui eſt tres-faux,
puiſque ce S. Pere en nous marquant le deuoir de S.
Pierre, nous marque quant & quant ſon pouuoir ; &
qu'en la perſonne des Iuifs il attribuë leur impuiſſance
à croire, non pas à leur manque de pouuoir, mais au
refus de leur maligne volonté.

Aprés tout, ſi S. Chryſoſtome attribue le peché de
S. Pierre à ſon arrogance, & à la preſomption qu'il a-
uoit *d'attribuer le total à ſes propres forces ;* car il dit que ce
Diſciple *preſumant par trop de ſoy-meſme repliqua à Ieſus-
Chriſt, & luy dit, ie ſeray le ſeul d'entre tous vos Diſciples qui*

Non dicit quòd
impoſſibile ſit ei
benè operari, ſed
quia nolunt, ideò
non poſſunt.
Hæc autem dicit,
vt noſtra cauſa
deſeri nos, & no-
bis ipſis perditio-
nis noſtrę auctores
demonſtret ; Deus
autem non modò
nos non derelin-
quere & punire
vult, ſed quoties
punit, inuitus pu-
nit.
*Chryſoſt. homil. 83.
in Matth.*
Cùm dicendum
eſſet, opem nobis
feras ne ſcandali-
ſemur, è contrario
nimium ſibi arro-
gans inquit, Etſi
omnes ſcandaliſa-
ti fuerint in te,
tamen ego non
ſcandaliſabor.

Cùm dicere de-
buiſſet, patrocinio
tuo iuuabis.

Chryſoſt. ibid.
Nam côtrà totum
ſibi attribuebat.

Nimium sibi arrogans inquit, &c. ego tamen solus non patiat (scandalum.) Ita hæc res sensim eum ad tetrum insolentiæ crimen deuehebat, quod reprimere Christus volens, quoniam nec Prophetæ, nec sibi obtemperauit, negationem fieri permisit. *August. serm.* 124. *De temp.*
Per solum enim liberum arbitrium non addito etiam Dei adiutorio, præsumpserat se pro Domino moriturum. *Aug. lib. de grat. & lib. arb. cap.* 17. Plenitudo legis dilectio. Ipsam charitatem Apostolus Pettus nondum habuit, quando timore Dominum ter negauit. *Dans la Response de l'Auteur à la 2. Lettre de Monsieur Arnauld page 23. & seq.*

ne souffriray point ce scandale. Ce qui fait adiouster à S. Chrysostome, *que cette mauuaise façon d'agir en S. Pierre le portoit peu à peu à ce crime si enorme & si effroyable d'insolence, que Iesus-C. pour le reprimer, voyant qu'il n'auoit point obeï ny à la voix du Prophete Zacharie, ny à la sienne mesme, permit qu'il tombast dans le reniement de son nom.*

S. Augustin est aussi dans la mesme pensée, quand il a dit tât de fois que S. Pierre estoit tombé, *pour s'estre confié à ses propres forces & à son seul libre arbitre, independamment de la grace,* ainsi que ie l'ay prouué si clairement dans ma *Response à la 2. Lettre de Monsieur Arnauld,* par vn bon nombre de textes que i'ay alleguez de ce S. Pere sur ce suiet. Il dit mesme que *S. Pierre n'auoit pas la charité, lors que par la crainte qu'il auoit de mourir, il renia son maistre:* Donc il n'estoit pas iuste.

LE dernier point que nous auons à toucher, regarde les dangereuses consequences qui pouuant naistre de la nouuelle proposition de Monsieur Arnauld, la rendent pareillement condamnable. Car si la proposition, par laquelle il auance *que la grace sans laquelle on ne peut rien, manque au iuste, dans le temps qu'il est obligé de garder le precepte,* est vne proposition catholique, il s'ensuit que les iustes ne pechent iamais, que parce que Dieu les abandonne, & les laisse tomber sans aucun peché precedent.

Ie le prouue par Monsieur Arnauld, car il ne reconnoist qu'*vne seule grace efficace par elle mesme, qui obtient tousiours l'effect pour lequel elle est donnée:* Donc tant & si long temps que le iuste sera assisté de cette *grace efficace,* il operera tousiours le bien & ne pechera iamais: Mais s'il en est priué lors qu'il doit accomplir vn precepte (ce qui arriue necessairement en la personne du iuste qui tombe dans le peché, selon les principes de la 2. *Lettre* de Monsieur Arnauld,) il faut pour lors qu'il tombe & qu'il peche: donc tous les iustes qui pechent, ne pechent que parceque Dieu les delaisse sans aucun suiet de leur part, puisqu'ils ne pechent qu'entant que Dieu les delaisse par le refus de sa grace.

Quel sera donc le fruit de cette belle doctrine? Que produira-t-elle autre chose qu'vn desespoir dans les a-mes timides, qui raisonneront ainsi ; Où est la ferme esperance de mon salut à laquelle la foy m'oblige dans le sacré Concile de Trente , puisque quelque chose que ie fasse pour bien viure, Dieu sans aucun suiet de ma part & sans aucun peché actuel precedent , retirera peut-estre son secours, & me laissera tomber dans le peché , & du peché dans la damnation eternelle ; d'où naist le desespoir du salut ?

Mais que produira-t-elle dans les ames reso-luës & hardies, autre chose qu'vne insensibilité dans les choses de leur salut, vn pur libertinage, & vne im-penitence de leurs crimes? Car ils raisonneront en cet-te sorte: Pourquoy m'affliger de mes pechez, puisque par le delaissement de Dieu, qui m'arriuera sans au-cun suiet de ma part , & par la soustraction de sa gra-ce *sans laquelle ie ne puis rien*, il m'est impossible de l'é-uiter? Ie dois donc attendre le secours efficace de sa grace, puisque ie ne puis pas me disposer à la receuoir par vne grace *suffisante*, qui me donne au moins ce *pou-uoir*, car Monsieur Arnauld la condamne comme he-retique , & comme vn monstre formé non pas dans le Ciel des estoilles, mais dans le Ciel empyrée.

Que feray-ie donc dans cette presse? ie laisseray agir Dieu sur moy, quand il voudra & comme il luy plaira : s'il me donne sa grace, ie feray necessairement le bien, & seray sauué, car personne ne luy resiste , & ne la reiette iamais : s'il me l'oste sans aucun suiet de ma part , ie tomberay dans le peché , ie suiuray les voyes de mes propres appetits, & seray damné comme les autres: Laissons donc à Dieu la conduite de ces choses, & n'ayons soin que des plaisirs de la vie.

Voila l'estat auquel la nouuelle & pernicieuse maxi-me de Monsieur Arnauld est capable de conduire les ames, si ce n'est qu'en se retractant, par vne pro-fession publique & sincere, il condamne luy mesme en sa 2. *Lettre*, cette maudite proposition tant de fois fulminée par les anathemes de l'Eglise.

Ie ne dis rien de la proposition qui regarde le *fait*, & qu'on examine en Sorbonne, parce qu'ayant fait voir dans ma *Responce à la seconde Lettre de Monsieur Arnauld*, que *les cinq propositions censurées sont de Iansenius*, & les ayant extraites moy-mesme des textes de cet Auteur, selon les liures & les chapitres qui m'auoient esté indiquez par les Ianseniftes dans quelques-vns de leurs Libelles, la chose doit estre maintenant decidée, & demeurer sans controuerse entre eux & nous, puisqu'on ne peut pas démentir ses yeux à la veuë d'vne chose si claire.

Encore faut-il que ie dise que ie n'estime pas que Monsieur Arnauld soit assez bien instruit du mauuais bruit, que le scandale inouy de quelques-vns de ses partisans, qui s'efforcent de le defendre dans la Compagnie de Sorbonne, respand dans l'esprit de tous les sages & dans le peuple de Paris. Ce qui est si preiudiciable à l'estime que Monsieur Arnauld veut qu'on ait de sa foy, & de sa sincere soumission à l'Eglise, qu'on dit tout haut dans les meilleures familles, que la cabale & la faction de quelques Docteurs Ianseniftes, & leur insolent procedé qui se passe mesme à la veuë des Euesques, est vne marque euidente de leur opiniaftreté endurcie; & que cette opiniaftreté factieuse qui se sert de toutes voyes deuës & induës, pour mandier les suffrages de quelques vns de leurs Confreres, est comme le dernier sceau de l'heresie.

Si mes amis ne m'auoient comme arraché d'entre les mains cette Response à demy ébauchée, pour la donner au Public, i'aurois pû refuter facilement le surplus de ce que dit Monsieur Arnauld pour sa defense, & faire voir clairement, qu'il ne iouë dans son Escrit que le personnage d'vn Sophiste.

F I N.